学校 - məktəp		2
旅行 - səyəxət		5
交通运输 - transport		8
城市 - şəhər		10
地形 - tirə-yün		14
餐馆 - restoran		17
超市 - supermarket		20
饮料 - eçemleklər		22
食物 - azıq		23
农场 - çeftlek		27
房子 - yort		31
客厅 - qunaq bülməse		33
厨房 - aş bülməse		35
浴室 - yuınu bülməse		38
儿童房 - bala bülməse		42
衣服 - kiyem		44
办公室 - ofis		49
经济 - iqtisad		51
职业 - hönərlər		53
工具 - ələtlər		56
乐器 - muzıka alətlərе		57
动物园 - xaywan baqçası		59
体育 - sport törlərе		62
活动 - itkenleklər		63
家 - ğailə		67
身体 - tən		68
医院 - xastaxanə		72
紧急情况 - kiçektergesez xəl		76
地球 - Cir		77
钟表 - səğət		79
周 - atna		80
年 - yıl		81
形状 - şəkellər		83
颜色 - töslər		84
反义词 - qapma-qarşılıqlar		85
数字 - sannar		88
语言 - tellər		90
谁/什么/怎样 - kem / nərsə / niçek		91
方位 - qayda		92

Impressum
Verlag: BABADADA GmbH, Nedderfeld 112 , 22529 Hamburg
Geschäftsführer / Verlagsleitung: Harald Hof
Druck: Books on Demand GmbH, In de Tarpen 42, 22848 Norderstedt

Imprint
Publisher: BABADADA GmbH, Nedderfeld 112 , 22529 Hamburg, Germany
Managing Director / Publishing direction: Harald Hof
Print: Books on Demand GmbH, In de Tarpen 42, 22848 Norderstedt

学校
məktəp

除 bülü

教室 sıynıf bülməsə

黑板 taqta

校园 məktəp ixatası

老师 uqıtuçı

纸 kəğəz

书写 yazarğa

钢笔 qələm

办公桌 östəl

直尺 sızğıç

书 kitap

学生 uquçı

书包

buqça

铅笔盒

qələmdan

铅笔

qırandaş

卷笔刀

qələm oçlağıç

橡皮擦

betergeç

画板

rəsem dəftərə

图画
rəsem

画笔
pumala

颜料盒
buyawlar tartması

剪刀
qayçı

胶水
cilem

练习册
dəftər

家庭作业
öy eşe

数字
san

加
quşu

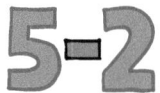
减
alu

乘
tapqırlaw

计算
isəpləw

字母
xəref

字母表
əlifba

字
süz

学校 - məktəp

课文
tekst

读
uqırğa

粉笔
aqbur

上课
dəres

登记
sıynıf jurnalı

考试
imtixan

证书
sertifikat

校服
məktəp forması

教育
məğərif

百科全书
ensiklopediyə

大学
universitə

显微镜
mikroskop

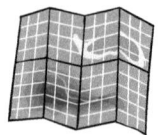
地图
xarita

废纸筐
çüp qəğəz çiləge

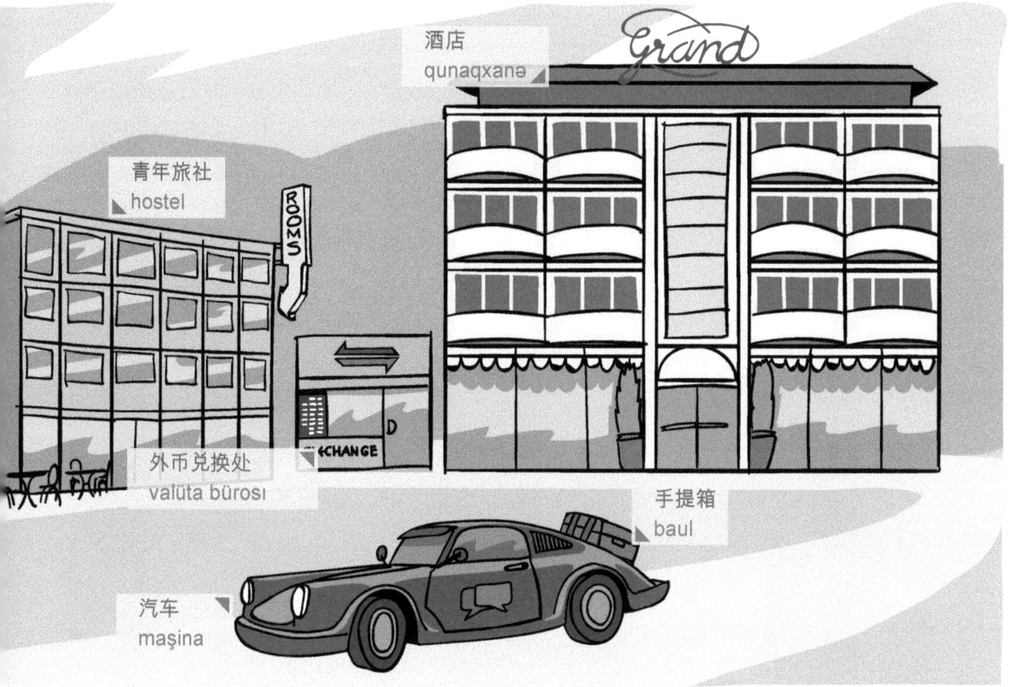

旅行
səyəxət

酒店
qunaqxanə

青年旅社
hostel

外币兑换处
valūta bürosı

手提箱
baul

汽车
maşina

语言
tel

是/否
əye / yuq

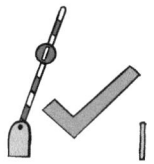

好的
yarar

您好
isənmesez

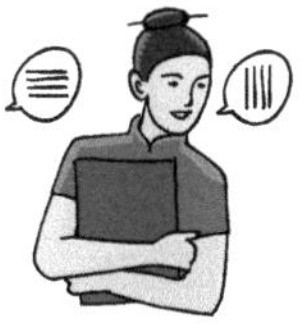

翻译员
tərceməçe

谢谢
Rəxmət

……多少钱？

… küpme tora?

我不明白

min añlamıym

问题

problem

晚上好！

Xəyerle kiç!

早上好！

Xəyerle irtə!

晚安！

Tınıç yoqı!

再见

saw bulığız

方向

yünəleş

行李

bagaj

包

buqça

双肩包

biştər

客人

qunaq

房间

bülmə

睡袋

yoqı qapçığı

帐篷

çatır

旅行 - səyexət

旅游信息
turist məğlüməte

海滩
qomsal

信用卡
kredit kərte

早餐
irtənge aş

午餐
töşlek

晚餐
kiçke aş

票
bilet

电梯
lift

邮票
marka

边界
çik

海关
tamğaxanə

大使馆
ilçelek

签证
viza

护照
pasport

旅行 - səyexət

交通运输
transport

- 飞机 oçqıç
- 船 kərap
- 消防车 yanğın maşinası
- 卡车 töyər
- 公交车 awtobus
- 汽艇 motorlı köymə
- 自行车 səpid
- 汽车 maşina

摆渡船
boram

小船
köymə

摩托车
motosiklət

警车
polisə maşınası

赛车
uzış maşınası

租车
kiralıq maşına

拼车
karşering

拖车
tartuçı

垃圾车
çüp töyəre

发动机
motor

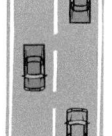
汽油
yağulıq

加油站
benzinlek

交通标志
trafik bilgese

交通
xərəkət

交通堵塞
böke

停车场
parking

火车站
stansa

轨道
rəy

火车
trən

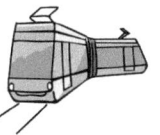
电车
tramway

货车
vagon

交通运输 - transport

直升机
boralaq

机场
hawa alanı

塔
manara

乘客
yulçı

集装箱
konteyner

纸板箱
alap

手推车
yök arbası

篮子
səbət

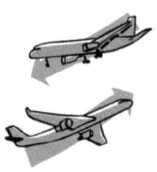
起飞/降落
qalqu / töşü

城市
şəhər

村庄
awıl

市中心
şəhər üzəge

房子
yort

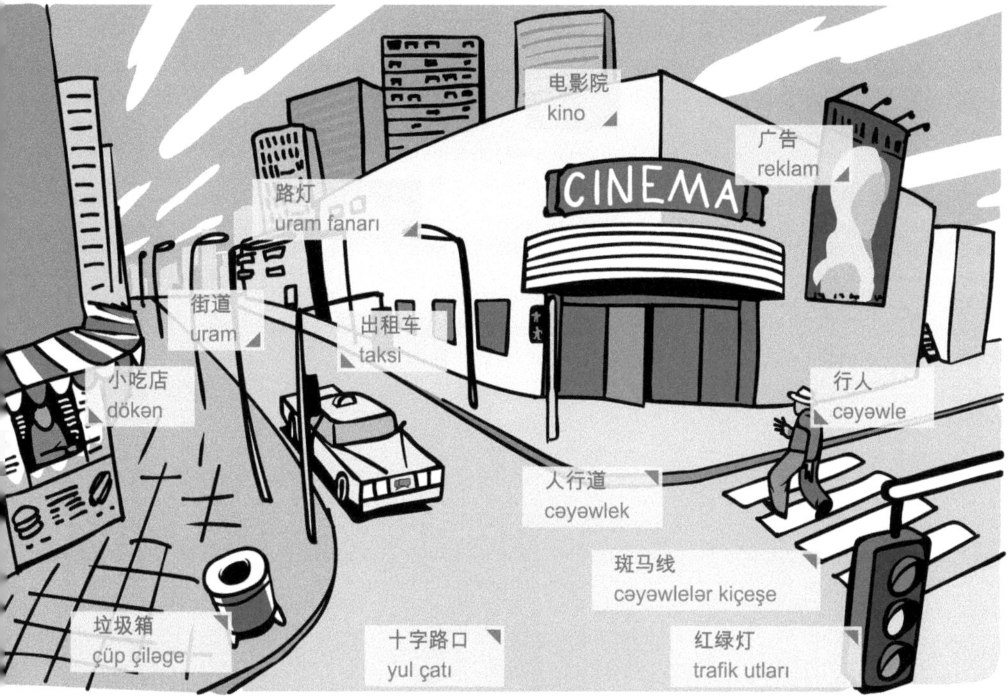

电影院
kino
广告
reklam
CINEMA
路灯
uram fanarı
街道
uram
出租车
taksi
小吃店
dökən
行人
cəyəwle
人行道
cəyəwlek
斑马线
cəyəwlelər kiçeşe
垃圾箱
çüp çiləge
十字路口
yul çatı
红绿灯
trafik utları

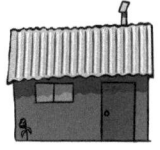

小屋

alaçıq

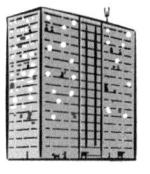

公寓

fatir

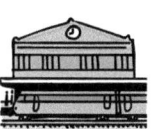

火车站

stansa

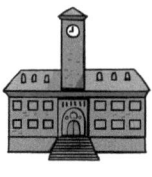

市政厅

şəhər xakimiyəte

MUSEUM

博物馆

yədkərxanə

学校

məktəp

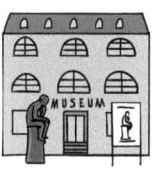

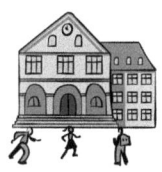

大学
universitə

银行
bank

医院
xastaxanə

酒店
qunaqxanə

药房
daruxanə

办公室
ofis

书店
kitap kibete

商店
kibet

花店
çəçək kibete

超市
supermarket

市场
bazar

百货商店
zur kibet

鱼店
balıq kibete

购物中心
səwdə üzəge

海港
liman

城市 - şəhər

公园
park

长凳
eskəmiyə

桥
küper

楼梯
basqıç

地铁
metro

隧道
tunnel

公交车站
awtobus tuqtalışı

酒吧
bar

餐馆
restoran

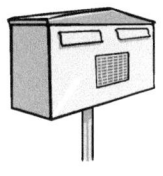

邮筒
yamıl tartması

路标
uram bilgese

停车计时器
parking sanağıçı

动物园
xaywan baqçası

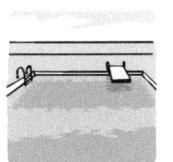

游泳馆
xəwezxanə

清真寺
məçet

城市 - şəhər

农场
çeftlek

污染
kerlelek

墓地
zirat

教堂
çirkəw

操场
uyın alanı

寺庙
ğibädätxanä

地形
tirə-yün

树叶 — yafraq
指示牌 — yul kürsətkeçe
路 — yul
草地 — bolın
石头 — taş
树 — ağaç
徒步旅行者 — yöreşçe
河 — yılğa
草 — ülən
花 — çəçək

峡谷
üzən

山
qalqulıq

湖
kül

森林
urman

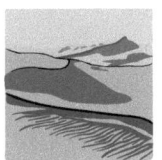
沙漠
çül

火山
yanartaw

城堡
nığıtma

彩虹
salawat küpere

蘑菇
gömbə

棕榈树
palma

蚊子
çerki

苍蝇
çeben

蚂蚁
qırmısqa

蜜蜂
bal qortı

蜘蛛
ürməküç

地形 - tirə-yün

甲虫
qoñğız

青蛙
baqa

松鼠
tiyen

刺猬
kerpe

野兔
quyan

猫头鹰
yabalaq

鸟
qoş

天鹅
aqqoş

野猪
qaban duñğızı

鹿
bolan

麋鹿
poşıy

水坝
tuan

风力发电机
cir turbinı

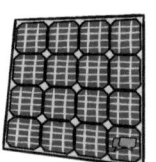
太阳能电池板
qoyaş panele

气候
iqlim

地形 - tirə-yün

餐馆
restoran

服务员　tabınçı

菜单　saylaq

椅子　urındıq

披萨饼　pitsa

汤　aş

餐具　çəneçke-pıçaq taqımı

桌布　aşyawlıq

前菜
qabımlıq

主菜
töp aşamlıq

甜点
tatlı

饮料
eçemleklər

食物
azıq

瓶子
şəşə

快餐
fastfud

街边小吃
uram rizığı

茶壶
çəygün

糖盒
şikər sawıtı

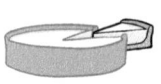

一份饭菜
salım

意式咖啡机
espresso maşını

高脚椅
biyek urındıq

账单
xisap

托盘
töger

刀
pıçaq

餐叉
çəneçke

勺子
qaşıq

茶匙
çəy qaşığı

餐巾
tastımal

玻璃杯
tustağan

餐馆 - restoran

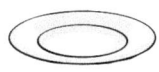
碟子
tabaq

汤盘
aş tabağı

碟子
cəypək

酱
sous

盐瓶
toz sawıtı

胡椒磨
boriç tegermənə

醋
serkə

食用油
sıyıq may

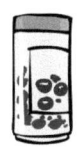 
调味料
təmlətkeç

番茄酱
ketçup

芥末
xərdəl

蛋黄酱
mayonez

餐馆 - restoran

超市
supermarket

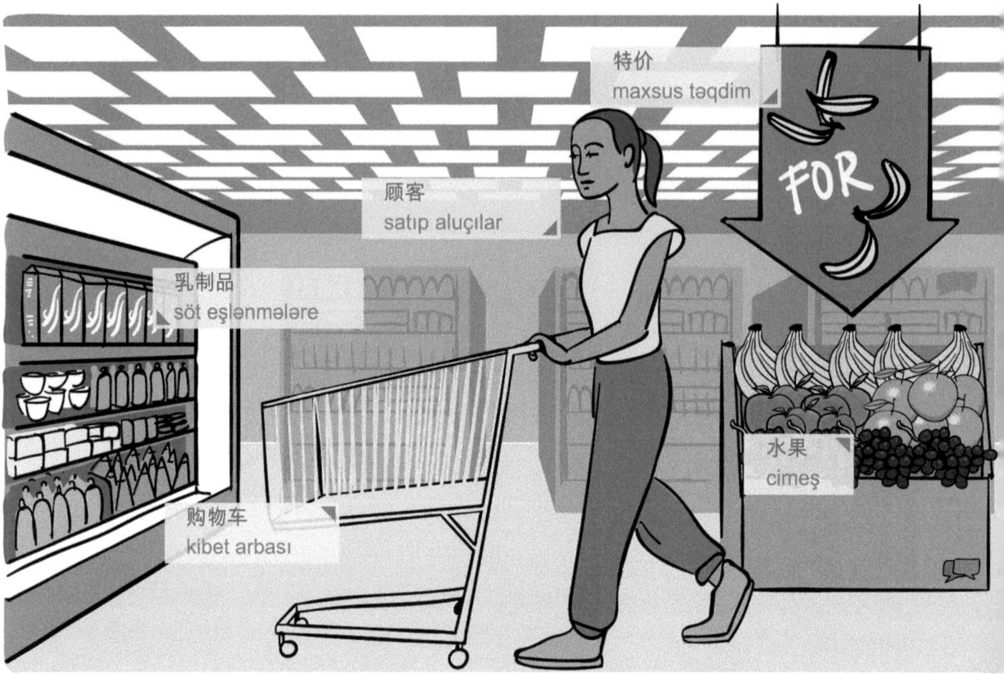

特价
maxsus təqdim
FOR
顾客
satıp aluçılar
乳制品
söt eşlənmələre
水果
cimeş
购物车
kibet arbası

BUTCHERS

肉铺

it kibete

BAKERY

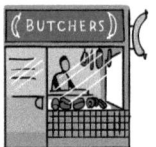

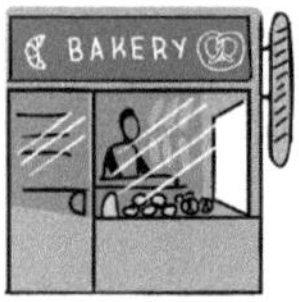

面包房

ikməkxanə

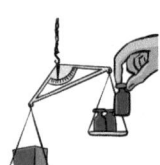

称重

ülçəw

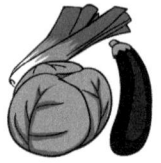

蔬菜

yəşelçə

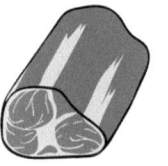

肉

it

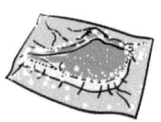

冷冻食品

tuñdırılğan aşamlıqlar

冷盘
suıq it

罐头食品
kənsirləngən aşamlıq

洗衣粉
ker tuzı

甜食
şikərləmələr

日用品
öy eşlənmələre

清洁用品
təmizlek eşlənmələre

销售员
satuçı

收银机
yazuçı kassa

收银员
kassir

购物清单
satıp alu isemlege

开放时间
eş waqıtı

钱包
qalta

信用卡
kredit kərte

袋子
buqça

塑料袋
plastik qapçıq

超市 - supermarket

饮料
eçemleklər

水
su

果汁
sut

牛奶
söt

可乐
kola

红酒
şərəb

啤酒
sıra

酒
xəmer

可可
kakao

茶
çəy

咖啡
qəhwə

意式浓缩咖啡
espresso

卡布奇诺
kapuçino

食物
azıq

香蕉
banan

苹果
alma

橙子
əflisun

西瓜
qarbız

柠檬
limon

胡萝卜
kişer

大蒜
sarımsaq

竹子
bambu

洋葱
suğan

蘑菇
gömbə

坚果
çikləweklər

面条
toqmaç

意大利面条
spagetti

米饭
döge

沙拉
salat

薯条
çips

炸土豆
qızdırılğan bərəñge

披萨饼
pitsa

汉堡包
hamburger

三明治
sandwiç

炸猪排
kətlit

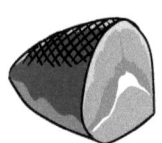
火腿
ветчина

萨拉米
salami

香肠
sosis

鸡肉
tawıq ite

烤肉
qızdırma

鱼
balıq

食物 - azıq

燕麦片
solı izməse

穆兹利
müsli

玉米片
məkkəy keterdege

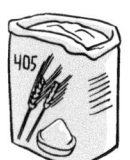

面粉
on

羊角面包
kruassan

面包卷
ipi tügərəge

面包
ikmək

烤面包
tost

饼干
kətərməç

黄油
may

凝乳
eremçek

蛋糕
kəyk

蛋
yomırqa

煎蛋
təbə

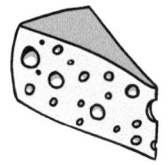

奶酪
pəynir

食物 - azıq

冰激凌
tuñdırma

糖
şikər

蜂蜜
bal

果酱
qaynatma

巧克力酱
şokolad izməse

咖喱饭
karri

食物 - azıq

农场
çeftlek

农舍 — cirbağar yortı
粮仓 — abzar
稻草捆 — salam bəyləmnərə
田野 — basu
马 — at
拖车 — tağılma
马驹 — qolın
拖拉机 — traktor
驴 — işək
羔羊 — bərən
羊 — sarıq

山羊
kəcə

奶牛
sıyır

牛犊
bozaw

猪
duñğız

小猪
duñğız balası

公牛
ügez

农场 - çeftlek   27

鹅
qaz

鸭
ürdək

小鸡
çebi

母鸡
tawıq

公鸡
ətəç

鼠
küse

猫
pesi

老鼠
tıçqan

牛
eş ügeze

狗
et

狗屋
et oyası

花园浇水软管
baqça xortumı

洒水壶
susipkeç

长柄大镰刀
çalğı

犁
saban

镰刀
uraq

锄头
kitmən

长柄草耙
sənək

斧头
balta

独轮手推车
qul arbası

饲料槽
tağaraq

牛奶罐
söt çiləge

麻布袋
qapçıq

栅栏
qoyma

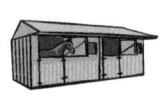

马厩
abzar

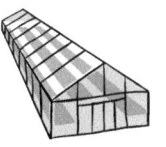

温室
essexanə

土壤
tufraq

种子
orlıq

肥料
aşlama

联合收割机
kombayn

农场 - çeftlek

收割
uñış cıyarğa

收割
uñış

山药
yam

小麦
boday

大豆
soya

土豆
bərəñge

玉米
məkkəy

油菜籽
raps

果树
cimeş ağaçı

树薯
manyok

谷物
börtekleler

房子
yort

- 烟囱 — morca
- 屋顶 — tübə
- 落水管 — drenaj bırğısı
- 窗户 — tərəzə
- 车库 — garaj
- 门铃 — işek qıñğırawı
- 门 — işek
- 垃圾桶 — çüp çiləge
- 信箱 — xat tartması
- 花园 — baqça

客厅
qunaq bülməse

浴室
yuınu bülməse

厨房
aş bülməse

卧室
yataq bülməse

儿童房
bala bülməse

餐厅
aş bülməse

房子 - yort

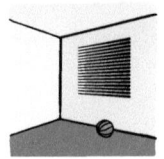
地板
idän

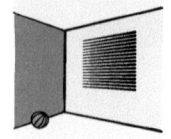
墙壁
diwar

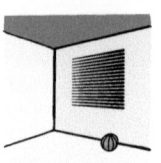
吊顶
tüşəm

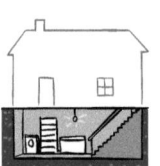
地窖
tülə

桑拿
sawna

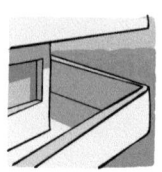
阳台
balkon

露台
teras

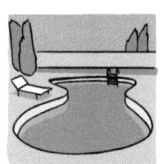
游泳池
xəwez

割草机
çirəmçapqıç

被单
cəymə

床罩
yataq yapması

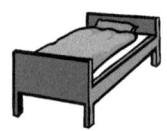
床
yataq

扫帚
seberke

水桶
çilək

开关
özgeç

房子 - yort

客厅
qunaq bülməse

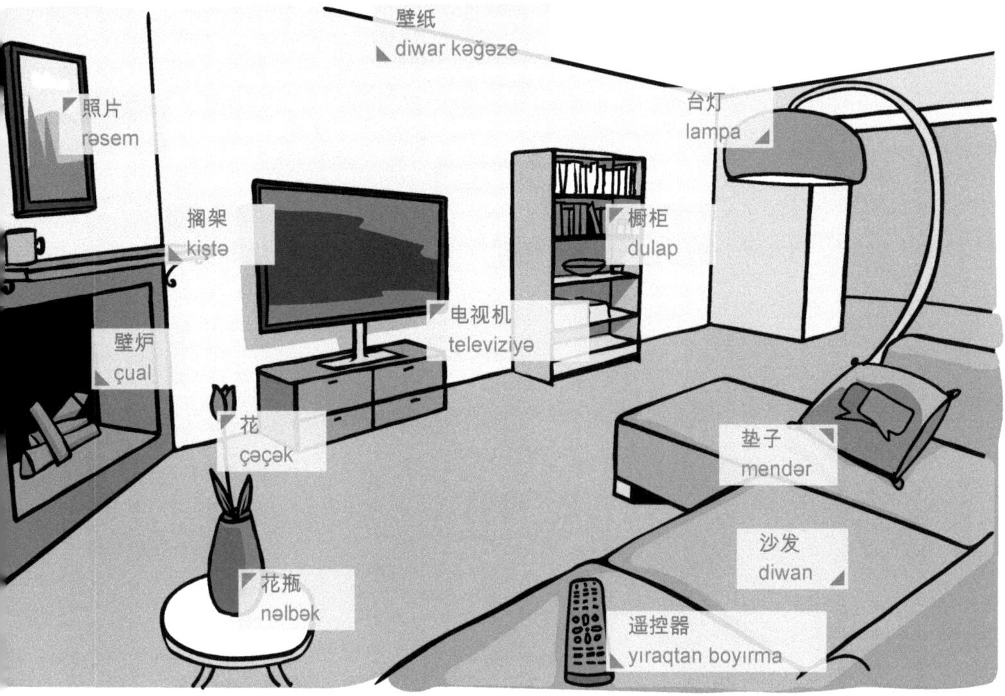

- 壁纸 — diwar kəğəze
- 照片 — rəsem
- 台灯 — lampa
- 搁架 — kiştə
- 橱柜 — dulap
- 壁炉 — çual
- 电视机 — televiziyə
- 花 — çəçək
- 垫子 — mendər
- 花瓶 — nəlbək
- 沙发 — diwan
- 遥控器 — yıraqtan boyırma

地毯
keləm

窗帘
pərdə

餐桌
östəl

椅子
urındıq

摇椅
tirbəlmə urındıq

扶手椅
kənəfi

客厅 - qunaq bülməse

书
kitap

毯子
yapma

装饰品
dekor

木柴
utın

电影
film

高保真音响
hi-fi

钥匙
açqıç

报纸
gəcit

油画
sürət

海报
poster

收音机
radio

笔记本
quyın dəftərə

吸尘器
tuzansuırğıç

仙人掌
kaktus

蜡烛
şəm

客厅 - qunaq bülməse

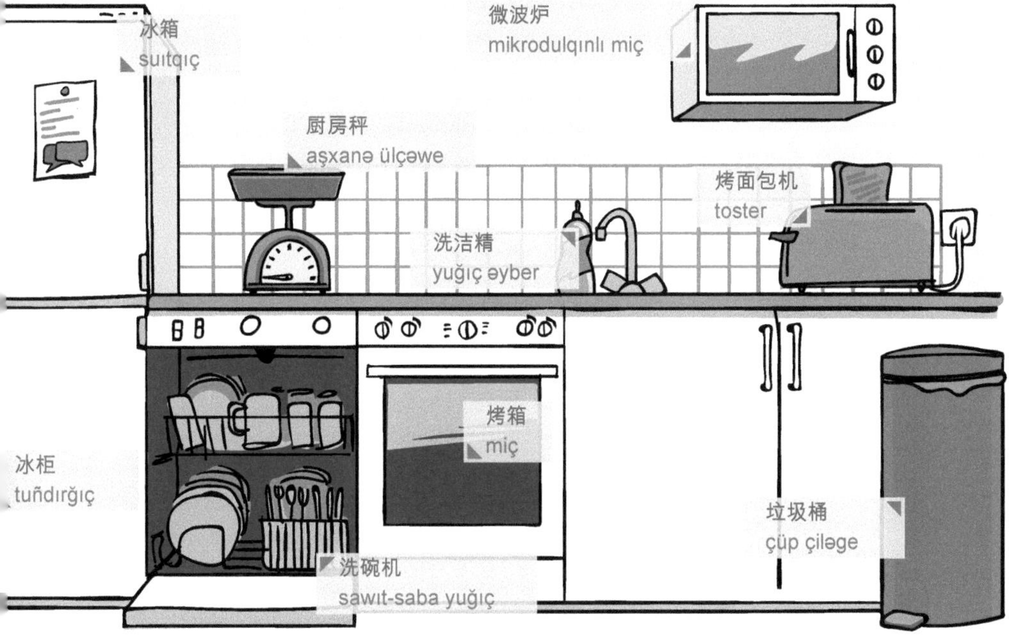

厨房
aş bülməse

- 冰箱 — suıtqıç
- 微波炉 — mikrodulqınlı miç
- 厨房秤 — aşxanə ülçəwe
- 洗洁精 — yuğıç əyber
- 烤面包机 — toster
- 烤箱 — miç
- 冰柜 — tuñdırğıç
- 洗碗机 — sawıt-saba yuğıç
- 垃圾桶 — çüp çiləge

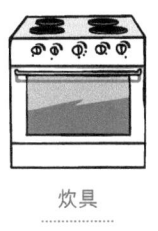

炊具 — əwsək

锅 — sağan

铸铁锅 — çuyın sağan

炒锅 — wok

平底锅 — taba

水壶 — çəygün

蒸锅

bulı peşergeç

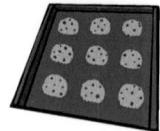

烤盘

qalay

陶瓷锅

sawıt-saba

马克杯

təgəç

碗

kəsə

筷子

aşaw tayaqçıqları

长柄勺

ucaw

铲子

spatula

搅拌器

tuğlağıç

滤网

sözgeç

筛子

ilək

磨碎机

qırğıç

研钵

kile

烧烤

barbekü

明火

açıq uçaq

厨房 - aş bülməse

菜板
taqta

擀面杖
uqlaw

开瓶器
böke suırğıç

罐子
metal tartma

开罐器
kənsir açqıç

隔热手套
miç biyələye

水槽
kirşən

刷子
fırça

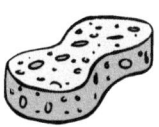
海绵
bolıt

搅拌机
blender

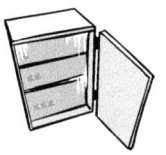
冷藏箱
tirən tuñdırğıç

奶瓶
imezlekle şeşə

水龙头
çömək

厨房 - aş bülməse

浴室
yuınu bülməse

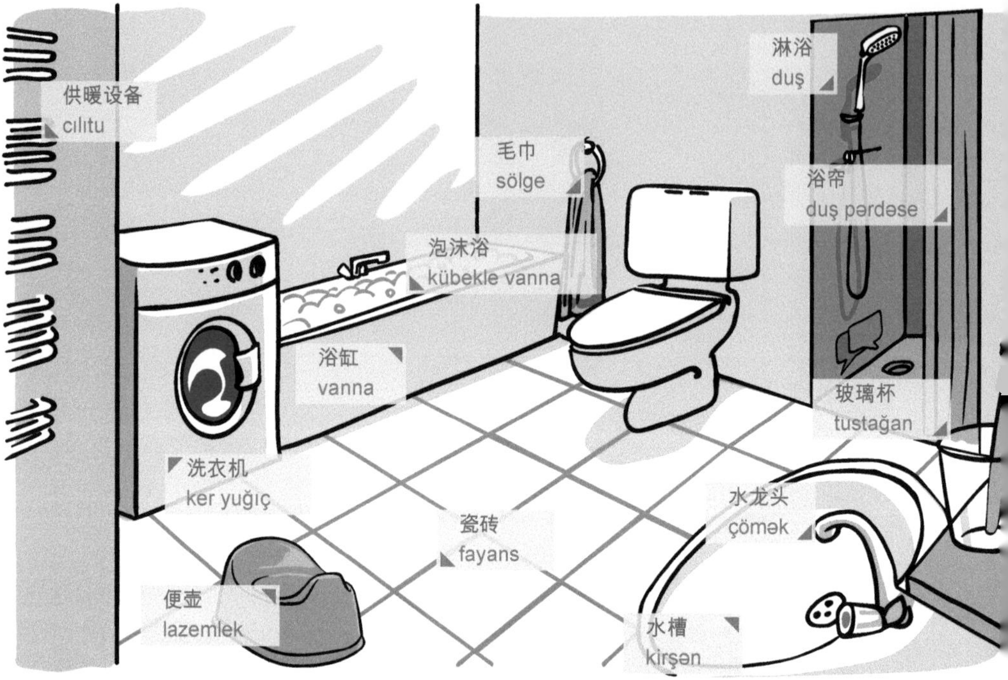

供暖设备 — cılıtu
淋浴 — duş
毛巾 — sölge
浴帘 — duş pərdəse
泡沫浴 — kübekle vanna
浴缸 — vanna
洗衣机 — ker yuğıç
玻璃杯 — tustağan
便壶 — lazemlek
瓷砖 — fayans
水龙头 — çömək
水槽 — kirşən

厕所
bədrəf

蹲便器
törekçə bədrəf

坐浴器
bide

小便池
pissuar

厕纸
bədrəf kəğəze

马桶刷
bədrəf fırçası

牙刷
teş fırçası

牙膏
teş məğcüne

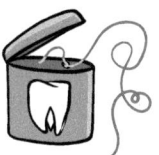

牙线
teş cebe

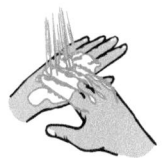

洗
yuarğa

手持式喷淋头
duş başlığı

冲洗器
duş

洗脸盆
kirşən

擦背刷
arqa fırçası

肥皂
sabın

沐浴露
duş señəle

洗发水
şampun

法兰绒
munçala

排水
ağım

乳霜
krem

除臭剂
dezodorant

浴室 - yuınu bülməse

镜子
közge

手镜
qul közgese

剃须刀
östərə

剃须泡沫
qırınu kübege

须后水
qırınu losyonı

梳子
taraq

刷子
fırça

吹风机
fön

喷发定型剂
çəç sprəye

化妆品
makiyaj

唇膏
iren innege

指甲油
tırnaq cələse

化妆棉
mamıq

指甲剪
tırnaq qayçısı

香水
xuşbuy

浴室 - yuınu bülməse

洗漱包
makiyaj buqçası

凳子
utırğıç

计重秤
ülçəw

浴袍
çoba

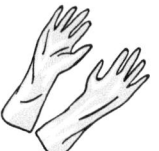
橡胶手套
rezin iləsə

卫生棉条
tampon

卫生巾
higiyenik pəd

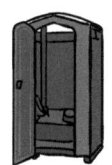
化学厕所
kimiyəwi bədrəf

浴室 - yuınu bülməse

儿童房

bala bülməse

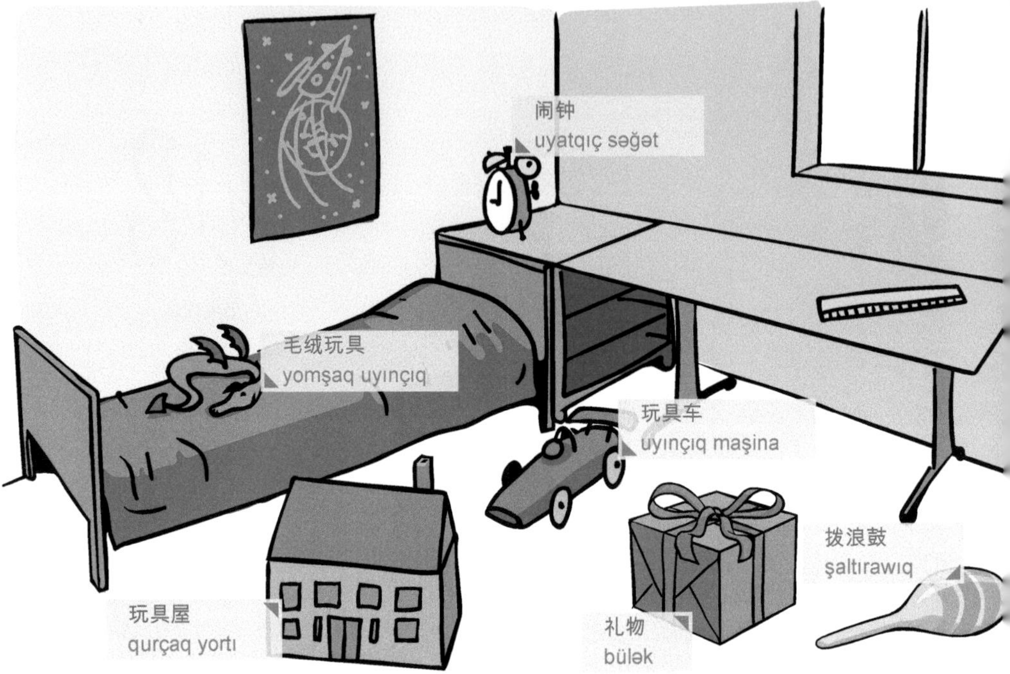

闹钟
uyatqıç səğət
毛绒玩具
yomşaq uyınçıq
玩具车
uyınçıq maşina
拨浪鼓
şaltırawıq
玩具屋
qurçaq yortı
礼物
bülək

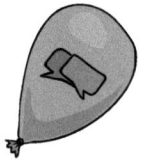

气球

hawa şarı

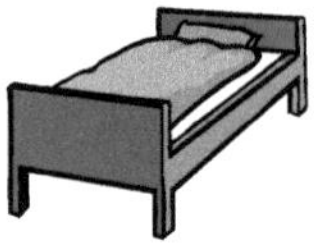

床

yataq

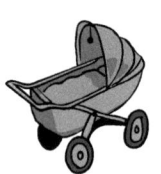

（洋娃娃用）婴儿车

bəbi arbası

扑克牌

kərt dəstəse

拼图

pazl

SUPER
MEGA

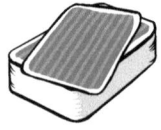

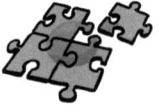

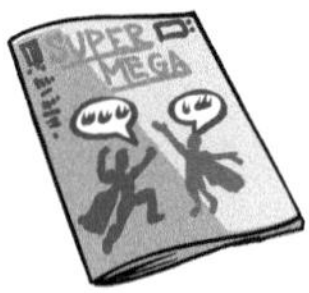

漫画

komiks

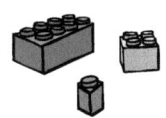
乐高积木
lego kirpeçləre

积木玩具
şaqmaqlar

玩具人
uyın sınçığı

婴儿服
zıbın

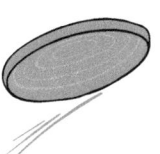
飞盘
frisbi

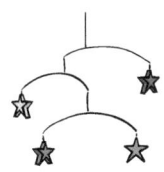
床铃玩具
mobil

棋盘游戏
östəl uyını

骰子
uyın taşı

火车模型
trən modele cıyılması

安抚奶嘴
imezlek

聚会
kiçə

绘本
rəsemle kitap

球
tup

洋娃娃
qurçaq

玩
uynarğa

儿童房 - bala bülməse

沙坑
qomlıq

秋千
tağan

玩具
uyınçıqlar

游戏机
uyın quşması

三轮车
öç köpçəkle səpid

泰迪熊
uyınçıq ayu

衣柜
kiyem dulabı

衣服
kiyem

袜子
oyıqbaş

长袜
oyıq

紧身裤
oyığıştan

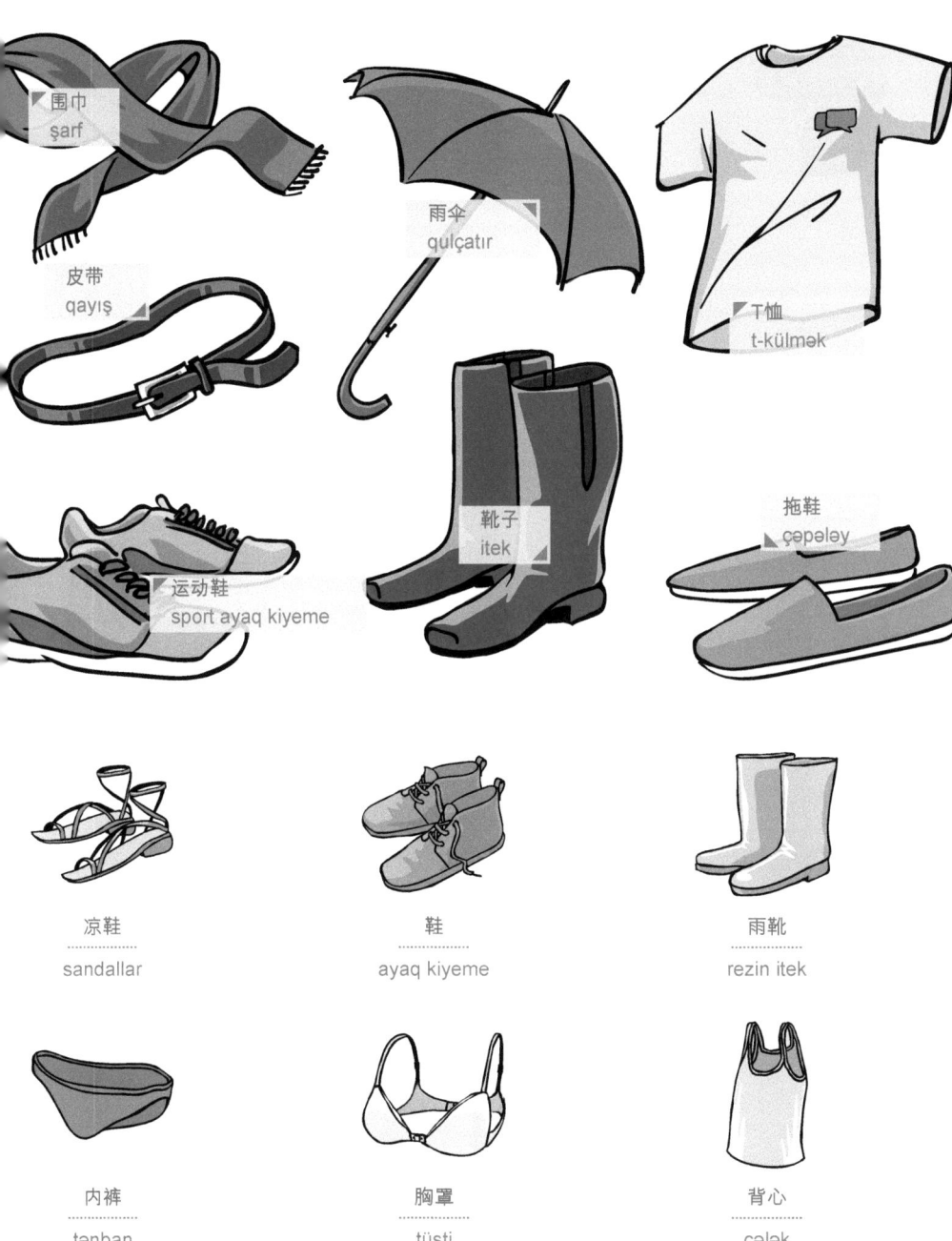

衣服 - kiyem

身体
bodi

裤子
çalbar

牛仔裤
jins

短裙
itək

女式衬衫
bluz

衬衫
külmək

套头衫
sviter

卫衣
hudi

西装夹克
bleyzer

夹克
jaket

外套
bişmət

雨衣
yañğırlıq

套装
kəçtüm

连衣裙
külmək

婚纱
tuy külməge

西装
taqım kiyem

睡袍
tönge külmək

睡衣
pijama

莎丽
sari

头巾
yawlıq

包头巾
çalma

波卡
burqa

卡夫坦
çapan

(阿拉伯式)长袍
abaya

泳衣
qoyınu kiyeme

男式泳裤
yözü tənbanı

短裤
şort

运动服
sport kiyeme

围裙
alyapqıç

手套
iləsə

衣服 - kiyem

纽扣
töymə

眼镜
küzlek

手链
beləzek

项链
muyınsa

戒指
baldaq

耳环
alqa

便帽
kəpəç

衣架
elgeç

帽子
eşləpə

领带
muyınbaw

拉链
zıncır

头盔
oçlam

背带
çalbar asması

校服
məktəp forması

制服
forma

衣服 - kiyem

围兜
balalar kükrəkçəse

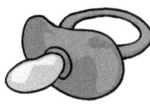
安抚奶嘴
imezlek

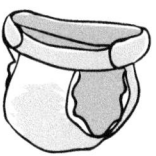
尿不湿
küzələ

办公室
ofis

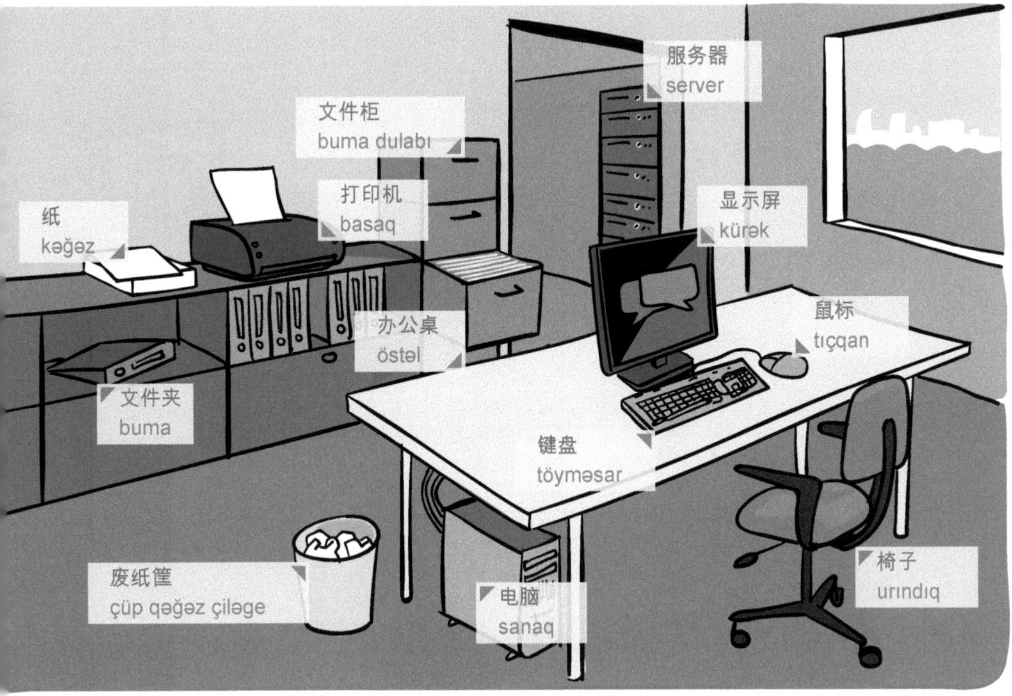

纸 kəğəz
文件柜 buma dulabı
打印机 basaq
服务器 server
显示屏 kürək
办公桌 östəl
鼠标 tıçqan
文件夹 buma
键盘 töyməsar
废纸筐 çüp qəğəz çiləge
电脑 sanaq
椅子 urındıq

咖啡杯
qəhwə təgəçe

计算器
sansanar

因特网
internet

笔记本电脑
ləptop

信件
xat

消息
xəbər

手机
kesə telefonı

网络
çeltər

复印机
fotokopyaçı

软件
program təminatı

电话
telefon

插座
ayırğıç

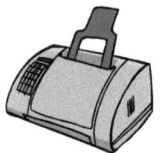
传真机
faks

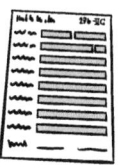
表格
form

文件
dokument

办公室 - ofis

经济

iqtisad

买
satıp alırğa

付钱
tülərgə

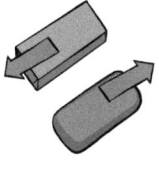

交易
səwdə itərgə

现金
aqça

美元
dollar

欧元
euro

日元
yen

卢布
sum

瑞士法郎
frank

人民币
yuan

卢比
rupi

提款处
bankomat

外币兑换处
valüta bürosı

金
altın

银
kömeş

石油
qaramay

能源
energiyə

价格
bəyə

合同
kontrakt

税金
salım

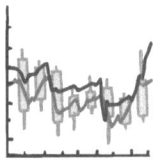
股票
stok

工作
eşlərgə

职员
eşçe

老板
eş birüçe

工厂
fabrika

商店
kibet

职业
hönərlər

警官 — polisə xezmətkərə

消防员 — yanğın sünderüçe

厨师 — aşçı

医生 — tabib

飞行员 — oçuçı

园丁
baqçaçı

木匠
ağaç ostası

裁缝
tegüçe

法官
xökemçe

化学家
kimiyəçe

演员
aktor

职业 - hönərlər

公交车司机 awtobus yörtüçe	出租车司机 taksiçe	渔夫 balıqçı

清洁女工 cıyıştıruçı xatın	屋顶工 tübə yabuçı	服务员 tabınçı

猎人 awçı	画家 rəssam	面包师 ikməkçe

电工 elektrçı	建筑工人 tözüçe	工程师 möhəndis

屠夫 itçe	水管工 çöməkçe	邮递员 yamılçı

士兵
ğəskəri

建筑师
miğmar

收银员
kassir

花农
çəçəkçe

理发师
çəçtaraş

售票员
konduktor

机械师
mekanik

船长
kapitan

牙医
teş tabibı

科学家
ğalim

拉比
rabbi

伊玛目
imam

和尚
kəşiş

牧师
ruxani

职业 - hönərlər

工具
ələtlər

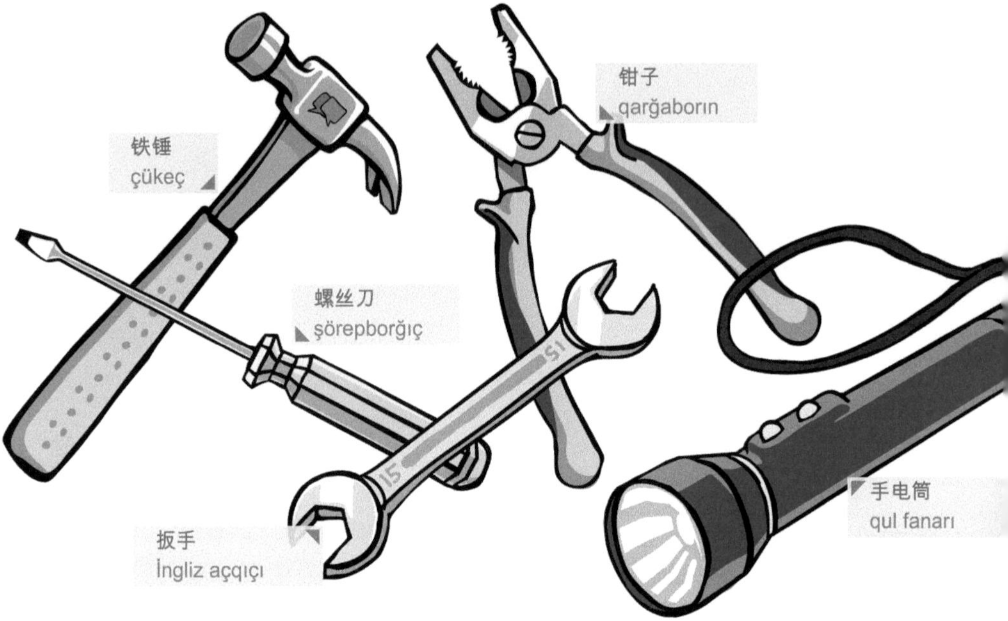

铁锤 çükeç

钳子 qarğaborın

螺丝刀 şörepborğıç

扳手 İngliz açqıçı

手电筒 qul fanarı

挖掘机
qazu maşinası

工具箱
ələt buqçası

梯子
basqıç

锯子
pıçqı

钉子
qadaqlar

钻机
dril

修
tözətergə

铲子
körək

靠!
Şaytan alğırı!

簸箕
sosqı

油漆桶
buyaw sawıtı

螺丝
mıqlar

乐器
muzıka alətləre

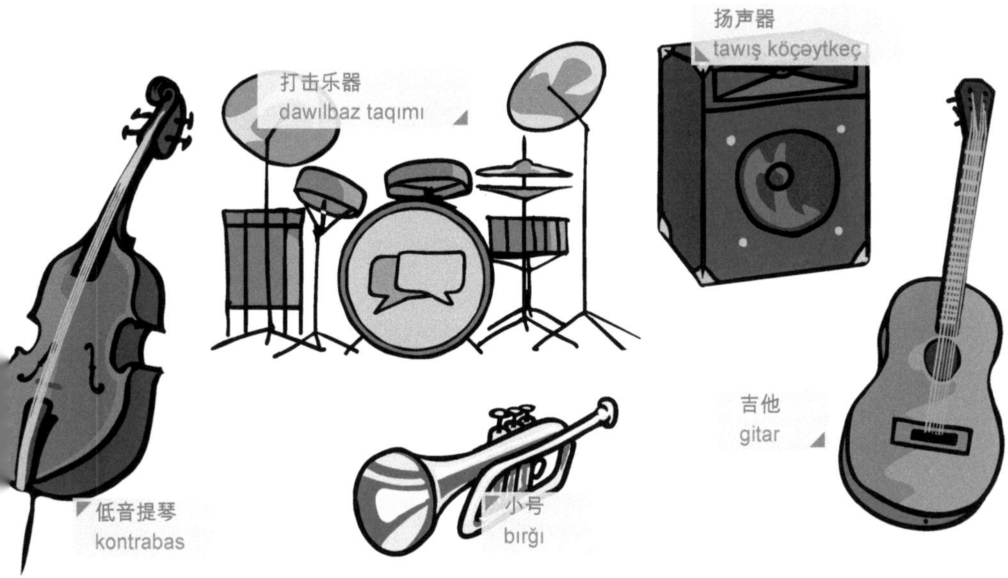

打击乐器
dawılbaz taqımı

扬声器
tawış köçəytkeç

吉他
gitar

低音提琴
kontrabas

小号
bırğı

乐器 - muzıka alətləre

钢琴
piano

小提琴
kəmən

贝斯
bas gitar

定音鼓
timpani

鼓
dawılbaz

电子琴
töyməsar

萨克斯管
saksofon

长笛
flüt

麦克风
mikrofon

乐器 - muzıka alətlərə

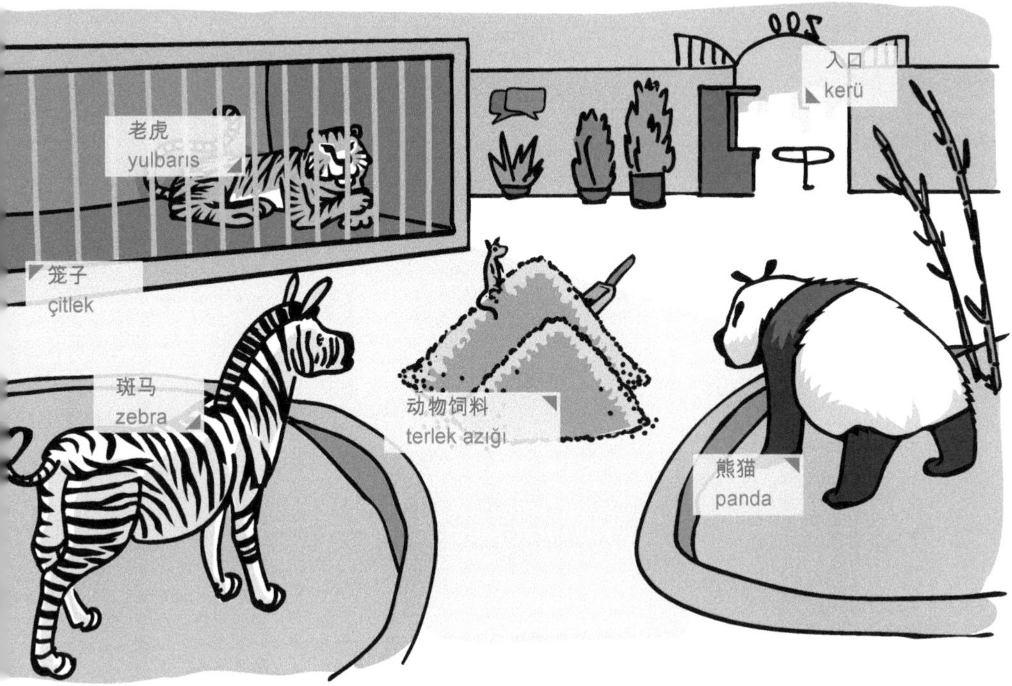

动物园
xaywan baqçası

老虎 / yulbarıs

入口 / kerü

笼子 / çitlek

斑马 / zebra

动物饲料 / terlek azığı

熊猫 / panda

动物
xaywannar

大象
fil

袋鼠
köngerə

犀牛
kərkədən

大猩猩
gorilla

熊
ayu

动物园 - xaywan baqçası

骆驼

döyə

鸵鸟

təwə qoşı

狮子

arıslan

猴子

maymıl

火烈鸟

flamingo

鹦鹉

tutıy qoş

北极熊

aq ayu

企鹅

pingwin

鲨鱼

küpek balığı

孔雀

tawis

蛇

yılan

鳄鱼

timsax

动物园管理员

xaywan baqçası xezmətkəre

海豹

suete

美洲豹

yaguar

动物园 - xaywan baqçası

矮种马
poni

豹
qaplan

河马
su ayğırı

长颈鹿
zörəfə

老鹰
börket

野猪
qaban duñğızı

鱼
balıq

龟
taşbaqa

海象
morşa

狐狸
tölke

羚羊
ğəzəl

动物园 - xaywan baqçası

体育
sport törləre

橄榄球 — Amerika futbolı
骑自行车 — səpid
网球 — tennis
篮球 — basketbol
游泳 — yözü
拳击 — boks
冰球 — xokkey

英式足球 — futbol
羽毛球 — badminton
田径 — atletika
手球 — handbol
滑雪 — çañğı
马球 — polo

有
iyə bulırğa

做
eşlərgə

当
bulırğa

站
basıp torırğa

跑
yögerergə

拉
tartırğa

扔
taşlarğa

摔倒
yığılırğa

躺
yatarğa

等待
kötərgə

携帯
taşırğa

坐
utırırğa

穿衣
kiyenergə

睡觉
yoqlarğa

醒来
uyanırğa

活动 - itkenleklər

看
qararğa

哭
yılarğa

抚摸
sıparğa

梳头
tararğa

交谈
söyləşergə

明白
aňlarğa

问
sorarğa

听
tıñlarğa

喝
eçərgə

吃
aşarğa

清理
cıyıştırınırğa

爱
söyərgə

做饭
peşerergä

开车
sörergə

飞
oçarğa

活动 - itkenleklər

航行
diñgezgə açılu

计算
isəpləw

读
uqırğa

学习
öyrənergə

工作
eşlərgə

结婚
öylənergə

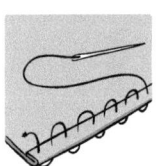
缝
tegərgə

刷牙
teş fırçalarğa

杀
üterergə

抽烟
təməke tartırğa

寄
cibərergə

家
ğailə

祖母 əbi
祖父 babay
父亲 ata
母亲 ana
婴童 sabıy
女儿 qız
儿子 ul

客人
qunaq

阿姨
apa

叔叔
abıy

兄弟
abıy / ene

姐妹
apa / señel

家 - ğailə

身体
tən

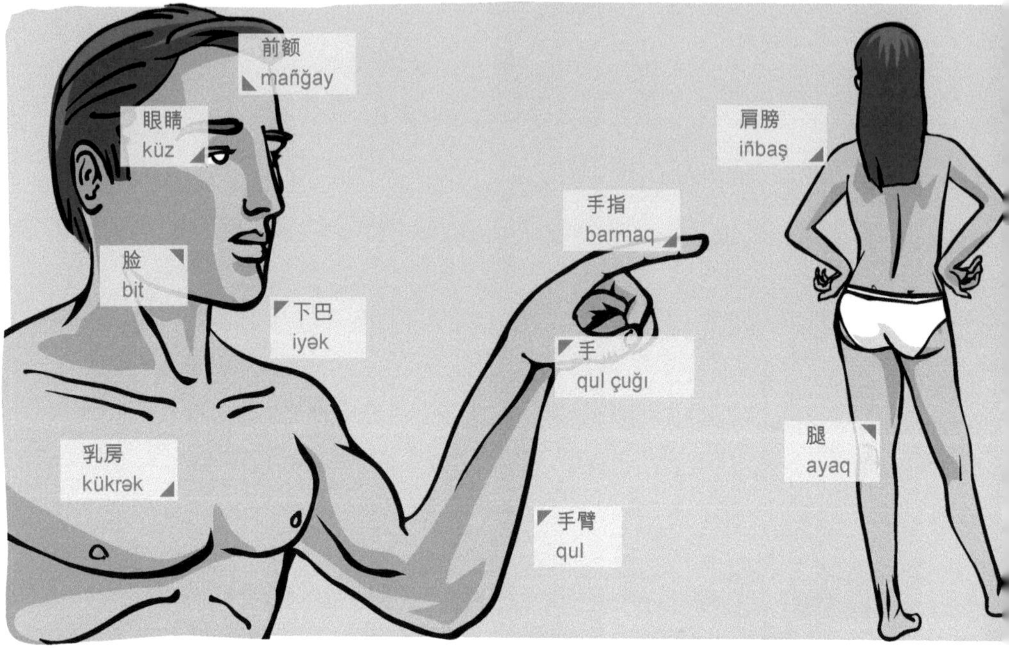

- 前额 ▸ mañğay
- 眼睛 küz
- 脸 ▸ bit
- 乳房 kükrək ▸
- 下巴 iyək
- 手指 barmaq ▸
- 手 qul çuğı
- 手臂 ▸ qul
- 肩膀 iñbaş ▸
- 腿 ayaq

婴童

sabıy

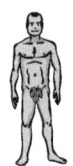

男人

ir

女人

xatın

女孩

qız

男孩

malay

头

baş

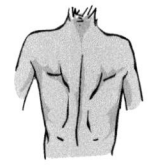

背部
arqa

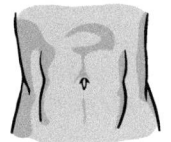

肚子
eç

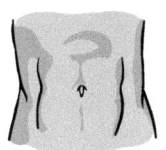

肚脐
kendek

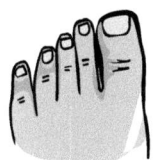

脚趾
ayaq barmağı

脚后跟
ükçə

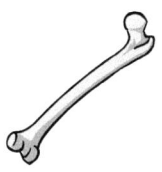

骨头
söyək

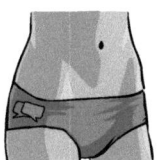

臀部
bot

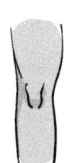

膝盖
tez

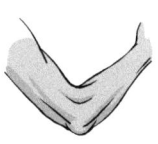

手肘
tersək

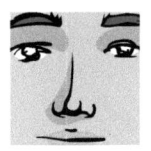

鼻子
borın

屁股
art san

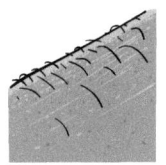

皮肤
tire

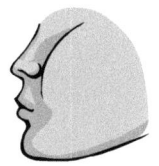

脸颊
yañaq

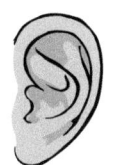

耳朵
qolaq

嘴唇
iren

身体 - tən

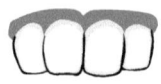

嘴	牙齿	舌头
awız	teş	tel

脑	心脏	肌肉
mi	yörək	ğəzlə

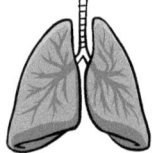

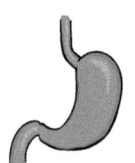

肺	肝脏	胃
üpkə	bawır	aşqazanı

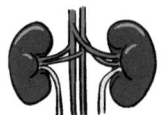

肾脏	性交	避孕套
böyerlər	seks	prezervativ

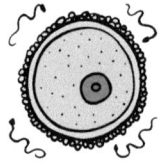

卵子	精子	怀孕
kükəy küzənək	məni	kömən

身体 - tən

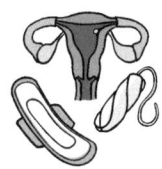
月经
kürem

阴道
vagina

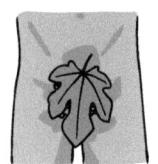
阴茎
penis

眉毛
qaş

头发
çəçlər

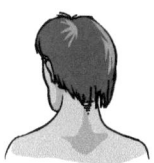
脖子
muyın

医院
xastaxanə

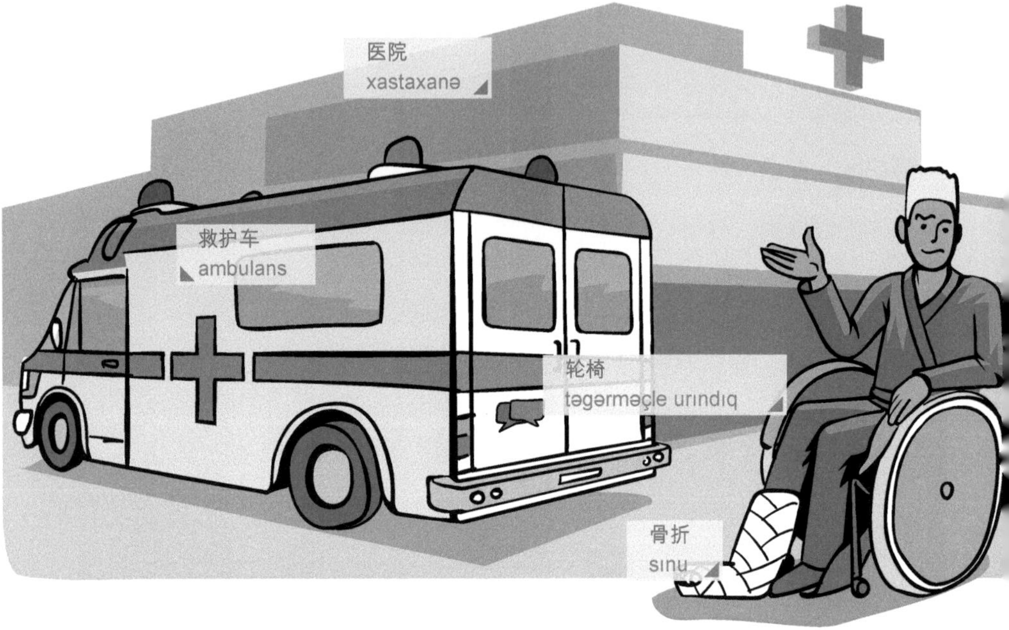

医院
xastaxanə

救护车
ambulans

轮椅
təgərməçle urındıq

骨折
sınu

医生

tabib

急诊室

aşığıç yərdəm bülməse

护士

şəfqət tutaşı

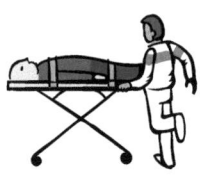

紧急情况

kiçektergesez xəl

昏迷

añsız

痛

awırtu

受伤
cərəxətlənü

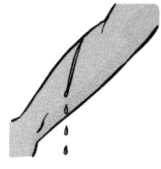
出血
qan ağu

心脏病发作
infarkt

中风
insult

过敏
allergiyə

咳嗽
yütəl

发烧
qızu

流感
grip

腹泻
eç kitü

头痛
baş awırtu

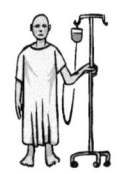
癌症
yaman şeş

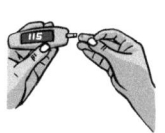
糖尿病
diabet

外科医生
xirurg

手术刀
skalpel

手术
ğəməliyət

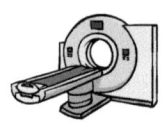

CT
ST

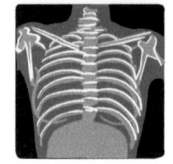

X光
röntgen

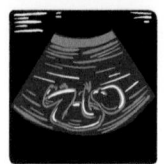

超声波
ultratawış

口罩
bitlek

疾病
awıru

候诊室
kötü bülməse

拐杖
qultıq tayağı

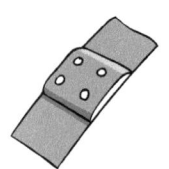

石膏
plaster

绷带
bəyləweç

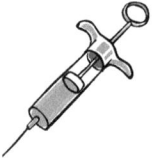

注射
qadaw

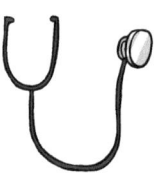

听诊器
stetoskop

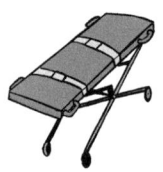

担架
sədiyə

体温计
klinik termometr

出生
tuu

超重
artıq awırlıq

医院 - xastaxanə

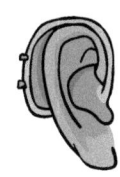
助听器
işetü cihazı

消毒液
dezinfektant

感染
yoğış

病毒
virus

艾滋病
KİV / BİDS

药物
daru

接种疫苗
vaksinalanu

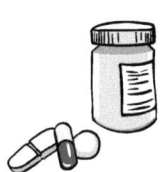
药片
tabletlər

药丸
kontraseptiv tablet

急救电话
aşığıç çaqıru

血压计
qan basımı ülçəgeçe

生病/健康
awıru / sələmət

医院 - xastaxanə

紧急情况
kiçektergesez xəl

救命！
Qotgarığız!

警报
xəwef tawışı

突击
höcüm

攻击
höcüm

危险
qurqınıç

紧急出口
aşığıç çığu

着火啦！
Yanğın!

灭火器
ut sündergeç

意外
qaza

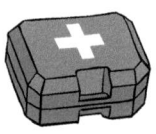

急救箱
berençe yərdəm buqçası

呼救信号
SOS

警察
polisə

地球
Cir

欧洲
Awrupa

北美洲
Tönyaq Amerika

南美洲
Könyaq Amerika

非洲
Afrika

亚洲
Asya

澳洲
Awstralya

大西洋
Atlantik okean

太平洋
Tın okean

印度洋
Hind okeanı

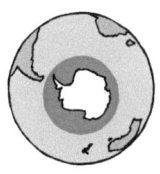
南冰洋
Antarktik okean

北冰洋
Arktik okean

北极
Tönyaq qotıp

南极
Könyaq qotıp

南极洲
Antarktika

地球
Cir

陆地
qorı cir

海
diñgez

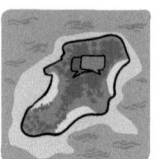
岛
utraw

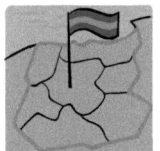
国家
millət

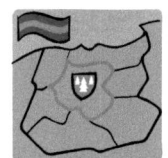
国家
dəwlət

钟表
səğət

钟面
səğət bite

时针
səğət uğı

分针
minut uğı

秒针
sekund uğı

现在几点？
Səğət niçə?

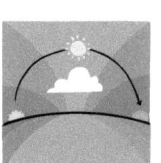

天
kön

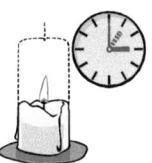

时间
waqıt

现在
xəzer

电子表
dijital səğet

分
minut

时
səğət

周
atna

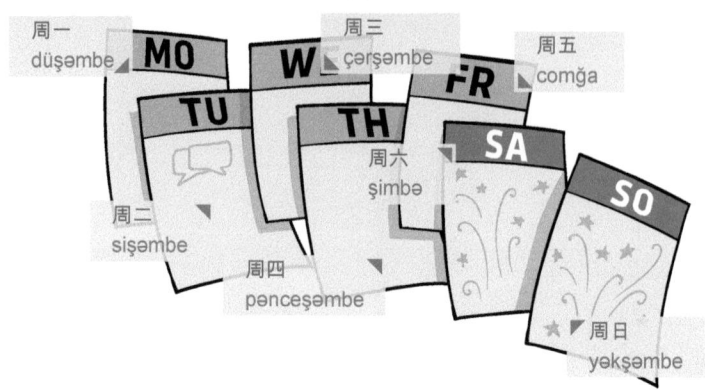

周一 düşəmbe
周二 sişəmbe
周三 çərşəmbe
周四 pənceşəmbe
周五 comğa
周六 şimbə
周日 yəkşəmbe

昨天
kiçə

今天
bügen

明天
irtəgə

早晨
irtə

中午
töş

晚上
kiç

工作日
eş könnəre

周末
yal könnəre

年

yıl

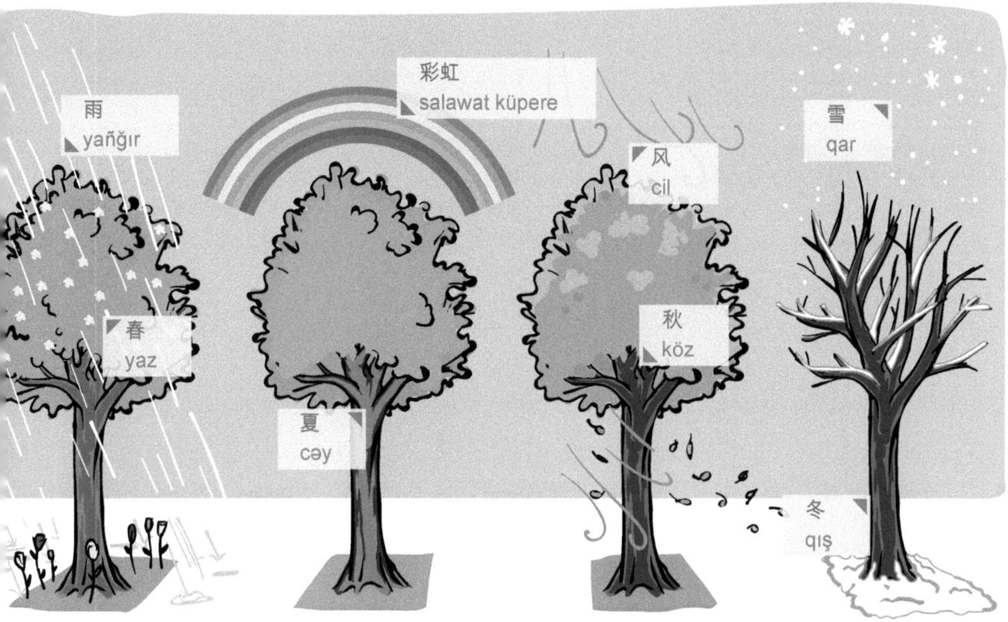

雨
yañğır

彩虹
salawat küpere

风
cil

雪
qar

春
yaz

秋
köz

夏
cəy

冬
qış

天气预报
hawa torışı

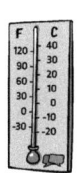

温度计
termometr

阳光
qoyaş yaqtısı

云
bolıt

雾
toman

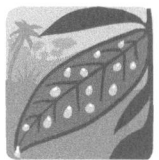

潮湿
dımlılıq

闪电
yəşen

打雷
kük kükrəw

风暴
dawıl

冰雹
boz

季风
musson

洪水
su basu

冰
boz

一月
Qırlaç

二月
Aqman

三月
Buşay

四月
Yañarış

五月
Saban

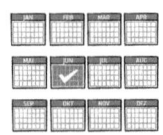
六月
Çereşmə

七月
Peçən

八月
Uraq

年 - yıl

九月
Indır

十月
Bilek

十一月
Qaraköz

十二月
Kerəw

形状
şəkellər

圆形
tügərək

正方形
dürtkel

长方形
turıpoçmaq

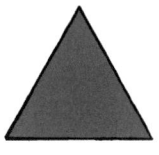
三角形
öçpoçmaq

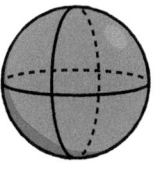
球体
körrə

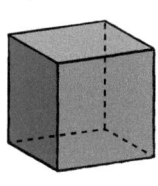
立方体
kub

颜色
töslər

白
aq

黄
sarı

橙
qızğılt sarı

粉
al

红
qızıl

紫
şəməxə

蓝
zəñgər

绿
yəşel

棕
körən

灰
sorı

黑
qara

反义词
qapma-qarşılıqlar

很多/少许
küp / az

生气/平静
usal / tınıç

美/丑
matur / yəmsez

首/尾
baş / axır

大/小
zur / keçkenə

明/暗
yaqtı / qarañğı

兄弟/姐妹
abıy, ene / apa, señel

干净/肮脏
taza / pıçraq

完整/缺失
təmam / təmamlanmağan

白天/晚上
kön / tön

死/生
üle / tere

宽/窄
kiñ / tar

可食用/非食用

aşarğa yaraqlı / aşarğa yaraqsız

邪恶/善良

yaman / yaxşı

兴奋/无聊

dulqınlanğan / yalıqqan

胖/瘦

yuan / yabıq

第一/最后

berençe / soñğı

朋友/敌人

dus / doşman

满/空

tulı / buş

硬/软

qatı / yomşaq

重/轻

awır / ciñel

饿/渴

açlıq / susaw

生病/健康

awıru / sələmət

非法/合法

qanunsız / qanunlı

聪明/愚笨

aqıllı / aqılsız

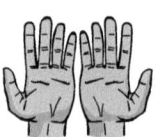

左/右

sul / uñ

近/远

yaqın / yıraq

新/旧
yaña / qullanılğan

没有/有些
hiçnərsə / nərsədər

老/幼
ölkən / yəş

开/关
bızdırılğan / sünderelgən

打开/合上
açıq / yabıq

安静/吵闹
tawışsız / göreltele

富/穷
bay / yarlı

对/错
döres / yalğış

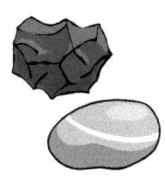
粗糙/光滑
qıtırşı / şoma

伤心/高兴
küñelsez / küñelle

短/长
qısqa / ozın

慢/快
aqrın / tiz

湿/干
dımlı / qorı

温暖/凉爽
cılı / salqın

战争/和平
suğış / tınıçlıq

反义词 - qapma-qarşılıqlar

数字
sannar

0 零 sıfır

1 一 ber

2 二 ike

3 三 öç

4 四 dürt

5 五 biş

6 六 altı

7 七 cide

8 八 sigez

9 九 tuğız

10 十 un

11 十一 unber

12
十二
unike

13
十三
unöç

14
十四
undürt

15
十五
unbiş

16
十六
unaltı

17
十七
uncide

18
十八
unsigez

19
十九
untuğız

20
二十
yegerme

100
百
yöz

1.000
千
meñ

1.000.000
百万
million

语言
tellər

英语
inglizcə

美式英语
Amerika inglizcəse

普通话
Mandarin qıtayçası

印地语
hindi

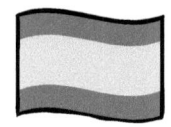

西班牙语
İspança

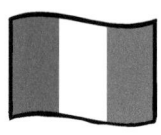

法语
Fransızça

阿拉伯语
Ğərəpçə

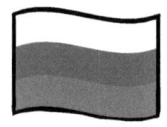

俄语
Rusça

葡萄牙语
Portugalça

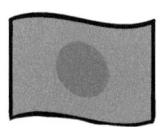

孟加拉语
Bengali

德语
Almança

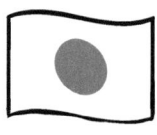

日语
Yaponça

谁/什么/怎样
kem / nərsə / niçek

我
min

你
sin

他/她/它
ul / ul / ul

我们
bez

你们
sez

他们
alar

谁？
kem?

什么？
nərsə?

怎样？
niçek?

哪里？
qayda?

什么时候？
qayçan?

名字
isem

方位
qayda

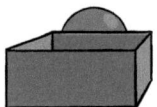

后面
artta

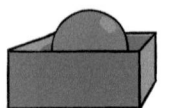

里面
eçendə

前面
aldında

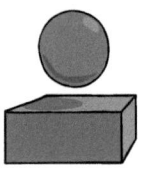

上方
östendə

上面
östendə

下面
astında

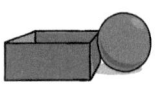

旁边
yanında

中间
arasında

地点
urın